Insa Bauer

Leselöwen

Bibel-Wissen

Illustrationen von Alexander Jung

Loewe

Bibliografische Information Der Deutschen Bibliothek
Die Deutsche Bibliothek verzeichnet diese Publikation in der Deutschen Nationalbibliografie; detaillierte bibliografische Daten sind im Internet über *http://dnb.ddb.de* abrufbar.

Der Umwelt zuliebe ist dieses Buch auf chlorfrei gebleichtem Papier gedruckt.

ISBN-10: 3-7855-5665-9
ISBN-13: 978-3-7855-5665-8
1. Auflage 2006

Umschlagillustration: Alexander Jung
Umschlaggestaltung: Andreas Henze
Printed in Germany (017)

www.loewe-verlag.de

Inhalt

Das Geheimnis der Schriftrollen

„Papa, spielst du mit uns Fußball?“, fragt Julian.

Papa rekelt sich auf seinem Liegestuhl und knurrt.

„Bitte, Papa!“, ruft Luisa. „Du liegst schon seit dem Frühstück unter dem Baum.“

Papa blinzelt sie an. „Bei der Hitze rühr ich mich nicht von der Stelle! Fragt Mama, die wollte ja unbedingt im Sommer nach Kreta.“

„Keine Chance. Mama liegt in der Hängematte und liest einen Krimi. Bevor sie den durchhat, ist nichts zu machen“, antwortet Luisa.

„Bei mir ist auch nichts zu machen. Ich träume.“ Wie zur Bestätigung kneift Papa die Augen zu und schweigt.

„Och Mann!“, mault Julian. Sein Blick fällt auf ein Buch, das neben Papa auf dem Tisch liegt. „Qumran. Schriftrollen vom Toten Meer“ steht darauf.

„Wie heißt das? Kwumran?“

„Kumran“, murmelt Papa. „Man spricht es Kumran aus. Davon träume ich gerade. Ich stelle mir vor, wie es ist, wenn man Schriftrollen findet, die ungefähr 2 000 Jahre alt sind.“

„2 000 Jahre? Wer hat die denn gefunden?“, will Luisa wissen.

Papa wird munter und setzt sich auf. „1947 hat ein Beduinenjunge in den Höhlen von Qumran am Toten Meer nach einem guten Versteck für Schmuggelware gesucht. Dabei entdeckte er Tonkrüge, in denen Schriftrollen versteckt waren.“

„Toll!“ Luisa setzt sich neben ihren Vater. „Bei unserer Badebucht gibt es doch auch Höhlen. Sie sind sogar berühmt.“

Ihr Vater nickt. „Die Höhlen von Mátala dienten den Römern als Gräber. Aber Schriftrollen hat man hier nicht gefunden.“

„Schade“, sagt Julian. „Die Schriftrollen von Qumran waren wohl wertvoll?“

„Ja, sehr wertvoll. Aber der Beduinenjunge wusste das nicht. Er konnte die alten Schriften nicht lesen. Aber weil der Text auf Leder geschrieben war, verkaufte er die Rollen. Irgendwie gelangten sie nach Jerusalem. Dort erkannten Wissenschaftler, dass es Texte aus der Bibel waren.“ Träumerisch sieht Papa die Kinder an. „Wer so etwas Wertvolles findet ...“

Als ihr Vater sich wieder zurücklehnt und die Augen schließt, schauen Luisa und Julian sich an. „Dürfen wir uns das Buch ausleihen?“, fragt Luisa.

„Gerne“, murmelt Papa und träumt weiter.

Julian zeigt auf die Schriftzeichen, die im Buch abgebildet sind. Leise sagt er: „Wir könnten Papa doch ..."

Luisa unterbricht ihn, denn sie weiß genau, was er vorhat. „Klar, das machen wir! Aber wo kriegen wir Tongefäße und Leder her? Hier steht, die Texte wurden auf Tierhäute geschrieben. Das Leder wurde zusammengenäht und dann aufgerollt."

Julian überlegt. „Leder haben wir nicht. Wir müssen uns was anderes ausdenken."

„Gibt es in unserem Ferienhaus irgendwo Pergamentpapier?", fragt Luisa. Sie läuft in die Küche und kramt in den Schubladen. „Aha. Mama hat Butterbrotpapier mitgebracht. Das nehmen wir. Einen wasserfesten Folienschreiber habe ich auch."

Julian erinnert sich daran, dass im Garten Tonscherben von einer alten Vase liegen. „Vielleicht kann ich die Scherben mit meinem Bastelkleber zusammensetzen."

Während Luisa die alte Schrift aus dem

Buch sorgfältig abschreibt, klebt Julian die Tonscherben zu einem Gefäß zusammen. Er verschmiert das Gefäß mit Lehmerde aus dem Garten und stellt es zum Trocknen in die Sonne. „Sieht alt aus. Oder?“

„Klar. Mindestens 2 000 Jahre alt.“ Luisa reibt das beschriebene Butterbrotpapier mit Erde ein. Über einer Kerze lässt sie es von allen Seiten anbrennen, damit die Ränder braun werden. Dann rollt sie es vorsichtig auf, bindet die Pergamentrolle mit einem schmutzigen Band zusammen und schiebt sie in das Gefäß.

„Morgen müssen wir Papa gleich nach dem Frühstück weglocken, bevor es heiß wird“, sagt Luisa später, als sie nach einem Versteck für ihr Kunstwerk suchen.

Julian nickt. „Wir führen ihn unauffällig hierher, damit er das Gefäß zufällig findet.“

Die meisten Höhlen, die die Kinder nach einem geeigneten Platz absuchen, sind nicht tief genug. Aber dann entdecken sie in einer verwinkelten Höhle eine kleine Nische. Dorthinein schieben sie ihr Tongefäß.

Doch am nächsten Morgen kommt alles ganz anders, als die Kinder es sich ausgemalt hatten.

Beim Frühstück im Garten spürt die Familie, dass in der Badebucht unter den Höhlen mehr los ist als sonst. Aufgeregte Stimmen dringen zu ihnen herüber.

„Feiern die hier irgendein Fest? Oder was soll der Trubel am frühen Morgen?“, fragt Papa und stopft sich ein großes Stück Schafskäse in den Mund.

Mama schiebt ihm eine Olive hinterher. „Ist doch egal. Es ist jedenfalls wunderschön hier. Ich liebe Kreta!“

„Ich gucke mal nach, was da los ist“, sagt Papa.

„Wir kommen mit!“ Luisa springt auf und zieht Julian hoch. „Los, Vielfraß! Genug gegessen!“, ruft sie und flüstert ihm zu: „Das ist *die* Gelegenheit, Papa zu unserem Schatz zu locken.“

Julian nickt, obwohl er eigentlich noch nicht satt ist. Er schnappt sich ein Stück Fladenbrot und läuft dann Luisa hinterher.

Mama merkt nichts davon, sie hat sich schon wieder mit einem neuen Krimi in die Hängematte verzogen.

Das Erste, was die drei sehen, ist eine große Gruppe von Kindern, die in vielen Sprachen durcheinander reden.

„Da muss irgendwas passiert sein“, vermutet Luisa.

„Was ist denn hier los?“, fragt Papa einen großen blonden Jungen, der deutsch spricht.

„Wir haben eine alte Vase mit einer Schriftrolle gefunden“, antwortet der Junge.

„Viele tausend Jahre alt!“, ruft ein Mädchen mit dunklen Locken. „Und bestimmt ganz wertvoll!“

„So wie die in Qumran“, behauptet der Junge.

Bei dem Wort Qumran zuckt Papa zusammen. Forschend schaut er Luisa und Julian an.

„Die würde ich gern einmal sehen“, sagt Papa. „Vielleicht ...“

Weiter kommt er nicht, denn schon stürzen mehrere Kinder auf ihn zu. „Sind Sie

Wissenschaftler? Kennen Sie sich damit aus?“

„Ich, äh ... ja ... eigentlich –“, stammelt Papa.

Die Kinder schieben Papa vor sich her zu den Fundstücken. Julian und Luisa stolpern ihm nach.

„Hier ist jemand, der was über alte Schriften weiß!“, ruft der blonde Junge aufgeregt.

Papa wirft einen Blick auf das Gefäß, das aus Tonscherben zusammengesetzt ist. Daneben liegt, ausgerollt und mit Steinen beschwert, ein Pergament mit Schriftzeichen. Es ist schmutzig, die Ränder sind dunkelbraun.

„Sieht ziemlich echt aus“, sagt Papa und grinst Luisa und Julian an.

Was ist die Bibel?

Die **Bibel** ist ein Geschichtsbuch. Was darin geschrieben steht, haben Menschen mit Gott erlebt. Die Bibel ist auch ein Geschichtenbuch, denn die Menschen haben ihre Erlebnisse teilweise in Form von Geschichten erzählt. Bibel (griechisch: biblos) bedeutet Buch. Die Bibel ist das wichtigste Buch der Christen.

Jahrhunderte vor Beginn unserer Zeitrechnung wurden die ersten Texte aufgeschrieben, immer wieder abgeschrieben und später in viele Sprachen übersetzt. In den **Schriftrollen von Qumran** fand man Teile biblischer Texte in hebräischer und aramäischer Sprache.

Abraham und sein Sohn Isaak

Die Bibel besteht aus vielen einzelnen Büchern. Sie hat zwei Hauptteile: das Alte und das Neue Testament. Die Texte handeln von Gott und den Menschen. Im **Alten Testament** lesen wir über Gott und seine Schöpfung. Wir erfahren etwas über die Israeliten und ihr Leben mit Gott.

Im **Neuen Testament** steht Gottes Sohn Jesus Christus im Mittelpunkt. Viele Geschichten von Menschen, die mit Jesus gelebt haben, erzählen von ihm. Die Menschen, die an Jesus glauben, nennen sich Christen.

Das Neue Testament wurde zuerst in griechischer Sprache geschrieben. Als die christliche Lehre sich im Römischen Reich ausbreitete, wurde die Bibel ins Lateinische übersetzt. Vor ungefähr 500 Jahren übertrug der deutsche Mönch **Martin Luther** die Bibel in die deutsche Sprache.
Er wollte, dass möglichst viele Menschen die Bibel lesen und verstehen können.

In der Bibel steht, was Christen glauben: Jesus Christus ist der Sohn Gottes. Er wurde in Bethlehem geboren und lebte nach Gottes Geboten. Durch seinen Tod am Kreuz hat Jesus die Menschen von allem Bösen befreit. Drei Tage nach seinem Tod ließ Gott Jesus von den Toten auferstehen. Der Heilige Geist ist die Kraft Gottes, die in Jesus wirkt.

Lebensretter

„Dürfen wir nachher zum Strand gehen, Frau Pauls?“, fragt Benjamin, als die 4b im Schullandheim *Hinter den Dünen* ankommt.

Die Lehrerin schaut zur Uhr. „Ja, wer ausgepackt und sein Bett bezogen hat, kann noch die Umgebung erkunden. Seid aber bitte pünktlich um sechs zum Abendbrot wieder da. Denkt an das, was ihr über die Insel gelernt habt, und geht auf keinen Fall ins Wasser.“

„Alles klar. Wer kommt mit?“, fragt Benjamin in die Runde.

Lina, Simon und Aylin gesellen sich zu ihm. Am Ausgang guckt Benjamin auf den Tidenkalender. „Das nächste Hochwasser ist um 19.24 Uhr.“

Der Weg führt die Kinder über die Dünen zum Strand.

Aylin, die noch nie auf einer Insel war, staunt. „Wo ist denn das Wasser?“

„Das kommt wieder“, antwortet Lina lachend. „Jetzt ist Ebbe. Vielleicht kann man auf einer Sandbank Seehunde sehen. Schade, dass wir kein Fernglas mitgebracht haben.“

Simon tritt beinahe auf eine Qualle. „Der Wackelpudding hier hat ein schönes Muster. Sehen die alle so aus?“

Während die Jungen nach Quallen und Muscheln suchen, gehen die Mädchen ein Stück weiter. Zu neugierig sind sie auf die Seehunde. Der Wind bläst ihnen kräftig ins Gesicht. Ein paar Regentropfen sind auch dabei. Sie sacken im weichen Sand ein. Dann kommen sie zu einem kleinen Bach.

Lina zieht ihre Schuhe aus und krempelt die Hosenbeine auf. „Komm, wir gehen durch den Priel“, sagt sie.

Die Freundin macht es ihr nach, und sie waten wie Stelzvögel durch das Wasser, das ihnen bis zu den Knöcheln reicht.

„He, spinnt ihr? Wir dürfen doch nicht durchs Wasser!“, ruft Benjamin.

„Wir gehen nur noch ein kleines Stück. Auf der Sandbank dahinten sind Seehunde!“, ruft Lina zurück.

Kurze Zeit später stehen die Jungen neben ihnen. „Ich sehe keine Seehunde“, sagt Simon.

Benjamin kneift die Augen zusammen. „Deine Seehunde sind wohl eine Fata Morgana.“

„Sind sie nicht!“ Lina greift eine Hand voll Sand und wirft ihn Benjamin an die Beine. Dabei rutscht sie aus und fällt hin.

Als Benjamin und Simon laut lachen, läuft sie auf die beiden zu und jagt sie über den feuchten Sand.

Aylin hat Mühe mitzukommen. „Wollen wir nicht umdrehen? Es ist gleich halb sechs!“, ruft sie den anderen zu.

Erschrocken bleiben die drei stehen. Benjamin guckt auf seine Uhr. „Stimmt! Wir müssen sofort zurück. Wo ist der Priel?“

Aber der Priel ist nirgends zu sehen. Stattdessen versperrt ihnen ein breiter Fluss den Weg zum Strand. Durch auflaufendes Wasser ist aus dem kleinen Priel ein reißender Strom geworden.

„Müssen wir da durch?“, fragt Simon entsetzt.

Benjamin und Lina nicken. Lina geht als Erste ins Wasser. Doch schon nach wenigen Metern verliert sie fast das Gleichgewicht, so stark ist die Strömung. „Das zieht einem die Beine weg. Außerdem ist es ziemlich tief. Wir müssen schwimmen."

„Spinnst du!", schreit Benjamin in Panik. „Gegen die Strömung! Das schaffen wir nie!"

„Ich denke, das Hochwasser kommt erst um 19.24 Uhr", wendet Aylin ein.

Benjamin schluckt und verzieht sein Gesicht. „Um 19.24 Uhr ist der höchste Stand. Ungefähr sechs Stunden vorher läuft es langsam auf. Außerdem drückt der Wind das Wasser rein."

„Wenn du das alles weißt, wieso hast du es uns nicht vorher gesagt!", faucht Lina ihn an.

„Vergessen", gibt Benjamin zu. „Aber wir haben es alle gelernt, das mit Ebbe und Flut und den Prielen."

„Hat jemand ein Feuerzeug?“, fragt Aylin. „Wir wedeln damit. Vielleicht werden wir entdeckt und gerettet.“ Ihre Stimme klingt zittrig.

Ein Feuerzeug hat keiner. Die Kinder versuchen, durch Winken und Rufen auf sich aufmerksam zu machen. Aber sie sehen keine Bewegung am Strand. Alles scheint menschenleer.

Plötzlich ruft Simon: „Ein Regenbogen! Dahinten steht ein Regenbogen!“

Lina schüttelt den Kopf. „Der kann uns auch nicht helfen.“

„Im Kindergottesdienst haben wir gelernt, dass der Regenbogen ein Zeichen von Gott ist. Gott hat den Menschen versprochen, sie zu beschützen“, sagt Simon.

Er denkt daran, wie Gott Mose und seinem Volk geholfen hat, als sie vor den Ägyptern geflohen sind. Das Meer hat sich geteilt. Mose und die Israeliten konnten ans andere Ufer gelangen. Dann ist das Wasser zurückgelaufen, und die Verfolger sind ertrunken. Kann Gott nicht auch ihnen helfen?

Simon hat große Angst.

„Ihr dürft immer zu Gott beten. Auch, wenn ihr Angst habt“, hatte der Pastor letzten Sonntag im Kindergottesdienst gesagt.

Simon will Gott bitten, sie zu retten. Leise murmelt er vor sich hin.

Aylin, Benjamin und Lina stehen unsicher da. Sie schauen den Regenbogen an und sind ganz still. Die Wellen schwappen ihnen an die Waden. Der Wind fegt ihnen die Haare ins Gesicht und treibt ihnen Tränen in die Augen.

Plötzlich hören sie aus der Ferne ein gleichmäßiges Brummen.

Aber erkennen können sie nichts.

Aylin wischt sich die Augen und sieht es als Erste. Da kommt etwas vom Strand her auf sie zu. Das Brummen wird lauter und lauter.

„Ein Boot! Da kommt ein Boot“, schreit Aylin und hüpft im Wasser herum.

Einige Zeit später sitzen die Kinder im Motorboot der Strandwacht. Die Lebensretter hatten mit ihren Ferngläsern die Sandbank abgesucht und die Kinder entdeckt.

Das Alte Testament

Am Anfang der Bibel steht die **Schöpfungsgeschichte**. Sie berichtet davon, dass Gott Tag und Nacht, Sonne, Mond und Sterne, Pflanzen und Tiere und die Menschen erschaffen hat. Als noch alle Lebewesen friedlich miteinander lebten, nannte man es Paradies. Die ersten Menschen waren Adam und Eva.

Als sich die Menschen von Gott abwandten, beschloss Gott, noch einmal neu anzufangen. Dafür ließ er Noach ein großes Schiff bauen und seine Familie und ein Paar von jeder Tierart in diese Arche bringen. Dann regnete es 40 Tage lang, und alles Leben auf der Erde wurde vernichtet. Nur die Menschen und Tiere in der Arche überlebten die **Sintflut**.

Auf dem Berg Sinai gab Gott Mose **Zehn Gebote** auf zwei Tafeln. Nach diesen Geboten sollten die Menschen leben. Das wichtigste Gebot ist, dass es neben Gott keine anderen Götter geben darf. Andere Gebote sollen daran erinnern, die Eltern zu ehren, nicht zu stehlen, nicht neidisch zu sein und nichts Falsches über seine Mitmenschen zu erzählen. Die Zehn Gebote stehen in der Bibel im 2. Buch Mose 20, 1–17.

Der Hirtenjunge **David** war klein, aber sehr tapfer. Als der riesige Goliat Gott beleidigte, wurde David sehr wütend. Er trat gegen den schwer bewaffneten Riesen an und besiegte ihn mit einer Steinschleuder. Später wurde David König über das Volk Israel.

Gott befahl **Jona**, die böse Stadt Ninive zur Buße aufzurufen. Aber Jona fürchtete sich. Er floh auf ein Schiff. Als ein Unwetter das Leben der Mannschaft bedrohte, wurde Jona ins Meer geworfen. Ein Wal verschluckte ihn, und Jona verbrachte drei Tage im Bauch des Wales. Der Wal spuckte Jona an eine Küste, und Jona führte Gottes Auftrag aus.

Wegen seiner Klugheit wurde **Daniel** der beliebteste Berater von König Darius. Da wurden die anderen Berater neidisch. Sie brachten den König dazu, das Beten zu Gott zu verbieten. Weil Daniel weiter zu Gott betete, wurde er in eine Löwengrube geworfen. Doch Gott beschützte Daniel, und die Löwen griffen ihn nicht an.

Feuerzungen

„Ich habe hier einen Brief für Miriam. Wer besucht sie heute?“, fragt Frau Becker.

Tabea meldet sich. „Robert und ich“, antwortet sie. „Wir wollen heute Nachmittag Kekse backen und sie ihr bringen.“

„Das ist wirklich eine gute Idee. Ich war gestern bei ihr. Ihre Mutter sagte, dass Miriam noch mehrere Monate fehlen wird.“

Die Klasse 3a weiß, dass Miriam sehr krank ist. Seit sie zu Hause besucht werden darf, wechseln sich die Kinder und ihre Lehrerin mit den Besuchen ab. Sie bringen Miriam Kleinigkeiten mit und erzählen ihr, was in der Schule los ist.

Miriam lacht dann und freut sich. Nur ihre Augen lachen nicht.

Als Tabea und Robert am Nachmittag mit ihren selbst gebackenen Keksen vor Miriams Bett stehen, freut sie sich sehr. „Super! Habt ihr die Kekse extra für mich gebacken? Danke!“ Sie schnuppert an einem Keks, den Robert mit bunten Streuseln verziert hat. Aber sie beißt nicht ab.

„Ich esse sie später“, sagt Miriam. „Erzählt ihr mir ein bisschen von Tönnchen?“

„Ach ja, Tönnchen hat heute so laut gesungen, dass Frau Winkelmann hereingekommen ist und sich beschwert hat. Ihre Klasse hat gerade eine Mathearbeit geschrieben“, berichtet Robert.

Tabea ahmt Frau Winkelmanns Stimme nach: „Herr Tornowski! Ich muss Sie bitten, Ihren Musikunterricht so zu gestalten, dass andere nicht gestört werden.“

Miriam lacht. „Das kann ich mir richtig vorstellen. Und was hat unser kleiner, kugelrunder Musiklehrer dazu gesagt?"

„Er hat weitergesungen und ist mit ausgebreiteten Armen auf sie zugegangen. Ich dachte, er will mit ihr tanzen", berichtet Tabea kichernd.

„Frau Winkelmann dachte das wohl auch", ergänzt Robert. „Sie sah ziemlich erschrocken aus und ist geflohen."

„Und dann?", will Miriam wissen.

„Dann haben wir nicht mehr gesungen. Wir mussten Noten abschreiben."

Solche und ähnliche Geschichten erzählen die Kinder ihrer Klassenkameradin gern. Aber nicht jeden Tag passiert etwas, was sie berichten können. Deshalb denken sie sich manchmal einfach etwas für sie aus.

Weil Miriam so gerne Geschichten hört, hat Frau Becker ihren Schülern eine bunte Kinderbibel für sie mitgegeben.

Miriam freut sich und blättert ein bisschen in der Bibel herum. „Die Bilder sind so schön“, sagt sie. Lange betrachtet sie die Zeichnung, auf der Jesus in der Krippe liegt und die Heiligen Drei Könige davor stehen. „Bald ist Weihnachten.“

„Weihnachten ist bei uns immer lustig“, plappert Tabea. „Meine Großeltern kommen, und Opa spielt mit mir Spiele soviel ich will. Geschenke gibt’s natürlich auch.“

„Meine Mutter hat gesagt, wir sind Weihnachten zu viel mit Geschenken beschäftigt. Wir denken zu wenig an den, der Geburtstag hat, also an Jesus“, sagt Robert.

„Und woran denkt ihr Ostern?“, will Miriam wissen.

„An die Schokoladeneier“, gibt Tabea zu.

„Ostern gehen wir morgens ganz früh zur Kirche“, sagt Robert. „Weil die Freunde von Jesus ja morgens das leere Grab gefunden haben. Da wussten sie, dass Jesus von den Toten auferstanden ist.“

Miriam blättert weiter. „Wie ist das mit Pfingsten? Versteht ihr das? Wisst ihr, was Feuerzungen sind? In der Bibel steht, dass Pfingsten ein Brausen durch die Luft ging und der Heilige Geist wie Feuerzungen auf die Freunde von Jesus herabkam. Und plötzlich konnten sie in vielen verschiedenen Sprachen sprechen. Das kann ich mir überhaupt nicht vorstellen."

„Ich auch nicht", gibt Tabea zu. „Aber Pfingsten ist meistens gutes Wetter, und dann machen wir einen Ausflug ans Meer oder ein Picknick im Wald."

„Wir haben morgen Reli. Ich frage Frau Becker, was Pfingsten genau bedeutet", schlägt Robert vor. „Das hab ich nämlich auch noch nie verstanden."

Als die Kinder beim nächsten Mal zu Miriam kommen, liegt die Kinderbibel aufgeschlagen auf ihrer Bettdecke.

„Ich glaube, ich hab schon ein bisschen was begriffen", sagt Miriam. „Karfreitag ist Jesus gekreuzigt worden und gestorben. Nach drei Tagen, also Ostern, hat Gott ihn wieder lebendig gemacht. Jesus hat mit seinen Freunden geredet und gegessen.

Er hat ihnen gesagt, dass sie so vielen Menschen wie möglich von ihm erzählen sollen. Dann hat Gott ihn zu sich in den Himmel geholt."

„Genau, und zehn Tage später haben die Menschen in Jerusalem das Pfingstfest gefeiert. Die Freunde von Jesus und andere, die zu ihm gehörten, waren in einem Haus", erklärt Robert.

Miriam nickt. „Das habe ich hier auch gelesen. Plötzlich hörten sie lautes Rauschen, wie ein Sturm. Sie sahen Licht, und kleine Flammen setzten sich auf jeden von ihnen. Bestimmt wurde ihnen ganz heiß."
„Kein Wunder, wenn ihnen Feuer auf den Kopf gefallen ist."

„Mehr so innen drin heiß, glaube ich“, wendet Miriam ein.

Lange betrachten die Kinder gemeinsam das Bild mit den Flammen, die über den Menschen schweben.

„Ich kann mir das immer noch nicht vorstellen“, seufzt Miriam. „Woher ist das Feuer gekommen?“

Tabea antwortet. „Frau Becker sagt, Gott hat es geschickt. Die Feuerzungen sind der Heilige Geist. Das ist Gottes Kraft, die er den Menschen schenkt, wenn sie an ihn glauben und ihn darum bitten.“

„Einfach so?“, will Miriam wissen.

Tabea nickt. „Einfach so.“

Das Neue Testament

Das Neue Testament entstand nach dem Tod von Jesus. Die ersten Bücher sind die Evangelien (Evangelium heißt übersetzt Gute Nachricht). Sie berichten über Jesus, seine Worte und Taten, seinen Tod am Kreuz und seine Auferstehung. Wir erfahren auch über Jesu Geburt im Stall von Bethlehem. Im Andenken daran feiern wir heute **Weihnachten**.

Über **Jesu Kindheit** wird nicht viel erzählt. Es heißt, dass er bei seinen Eltern Maria und Josef in Nazaret aufwuchs und seinem Vater in der Zimmermannswerkstatt half. Als Jesus zwölf Jahre alt war, nahmen seine Eltern ihn nach Jerusalem mit. Dort sprach Jesus im Tempel mit gelehrten Männern über Gott.

Johannes der Täufer war ein Bote Gottes. Er taufte Menschen im Fluss. Das bedeutet: Wie das Wasser den Körper rein wäscht, so wird der Mensch frei von dem Bösen. Auch Jesus, der wie alle Menschen leben wollte, ließ sich taufen. Bei der **Taufe** geschah etwas Geheimnisvolles: Vom Himmel flog etwas wie eine Taube herab auf Jesus, und eine Stimme rief: „Dies ist mein geliebter Sohn, an dem ich Freude habe.“

Um die Botschaft von Gott zu verkünden, wählte sich Jesus Freunde aus dem einfachen Volk, die Jünger. Er wollte, dass auch Menschen ohne besondere Bildung die gute Nachricht von Gottes Liebe verstehen. Einmal forderte Jesus zwei Fischer auf, mit ihm zu gehen. Sie ließen alles liegen und zogen mit ihm durch das Land.

Viele verstanden nicht, dass Jesus Gottes Sohn ist. Seine Feinde verhafteten Jesus und verurteilten ihn zum Tod am Kreuz (**Karfreitag**). Deshalb ist das Kreuz ein besonderes Zeichen für die Christen. Am dritten Tag nach seinem Tod ließ Gott Jesus auferstehen. Am Tag der Auferstehung feiern Christen das **Osterfest**.

Vierzig Tage nach Ostern traf Jesus seine Freunde zum letzten Mal. Er gab ihnen den Auftrag, möglichst vielen Menschen von ihm zu erzählen. Dann nahm ihn Gott zu sich in den Himmel (**Christi Himmelfahrt**). Fünfzig Tage nach Ostern sandte Gott den Heiligen Geist. Dies geschah am **Pfingstfest**. Es war der Beginn der christlichen Kirche.

Der Angeber

„He! Du musst flacher schießen!“, ruft Andi Martin zu.

„Willst du mal?“, fragt Christian, der im Tor steht und Martins Ball gefangen hat.

Andi schüttelt den Kopf. „Nee, ich weiß ja, wie es geht. Ich brauch nicht mehr zu üben.“

„Ha, ha!“, sagt Martin. „Du bist wohl nicht nur der beste Tennisspieler, sondern auch noch der beste Torschütze.“

Und Christian spottet: „Andi weiß alles, Andi kann alles und ist überall sowieso der Beste. Nur beweisen will er es nie. Alter Angeber!“

„Pah! Mit solchen wie euch gebe ich mich gar nicht ab“, antwortet Andi hochnäsig.

Als er weg ist, seufzt Martin erleichtert. „Kein Wunder, dass der immer allein rumhängt. Wer will mit so einem Besserwisser schon was zu tun haben?“

„Zum Glück ist er nicht in unserer Klasse“, sagt Christian. „Komm! Wir spielen weiter und vergessen den Typen einfach!“

Während der nächsten Stunde vergessen die beiden Jungen Andi wirklich. Aber auf dem Weg nach Hause fällt er ihnen schon wieder auf.

„Guck mal!“ Christian zieht Martin am Ärmel. „Da drüben steht Andi mit zwei Großen. Sieht aus, als würde er bedroht. Ich glaube, er sitzt in der Klemme.“

„Wahrscheinlich hat er die beiden genervt. Dumm von ihm, mit denen würde ich mich lieber nicht anlegen“, meint Martin. „Die sind in der Siebten.“

„Unser Großmaul scheint jedenfalls im Moment ganz kleinlaut zu sein. Du, die schubsen ihn rum.“ Christian schaut Martin fragend an. „Müssen wir ihm nicht helfen?“

Martin ist empört. „Dem helfen?“

„Jetzt schlagen sie ihn. Das ist doch unfair, zwei Große gegen einen Kleineren. Warte mal, da kommen welche aus seiner Klasse. Die helfen ihm bestimmt.“

Christian hofft, dass sich das Problem in den nächsten Minuten löst. Doch er irrt sich. Die Kinder aus Andis Klasse gehen vorbei, ohne sich um ihn zu kümmern. Einer der Jungen grinst sogar schadenfroh.

„Fehlanzeige!“, sagt Martin. „Ich will nach Hause. Ich hab Hunger. Dahinten kommen ein paar Erwachsene. Die nehmen den kleinen Angeber bestimmt in Schutz."

Aber er hat sich getäuscht. Keiner hilft Andi, der die Arme über den Kopf hält, um sich vor Schlägen zu schützen. Die Erwachsenen schauen weg und wechseln auf die andere Straßenseite.

„Das kann doch nicht wahr sein!", schimpft Christian.

Martin zuckt mit den Schultern. „Was geht uns Andi an."

„Denk mal an die Geschichte mit dem barmherzigen Samariter, die wir gerade in Reli besprochen haben. Da sind die Leute auch vorbeigegangen und haben den Überfallenen hilflos liegen lassen."

Martin guckt auf seine Schuhspitzen.

„Keiner aus der Klasse konnte sich vorstellen, wie jemand so hartherzig sein kann", fährt Christian fort. „Wir waren uns alle einig, dass wir anders sind. Und jetzt?"

Martin nickt. „Stimmt, wir müssen Andi helfen, auch wenn wir ihn nicht leiden können."

Entschlossen laufen die beiden zu der Gruppe hin.

Als sie näher kommen, hören sie Andi laut schluchzen.

„Was soll das? Zwei gegen einen! Haut ab! Verzieht euch!", schreit Christian die großen Jungen an.

Um die Verblüffung der beiden auszunutzen, setzt Martin noch eins drauf.

„Wenn ihr nicht sofort verschwindet, wird's unangenehm für euch!“, brüllt er.

„Ach ja?“, fragt der dickere von beiden grinsend und geht einen Schritt auf Martin zu. „Ihr wollt euch doch wohl nicht einmischen?“

„Doch!“, ruft Christian.

Im selben Augenblick versucht Andi, sich davonzuschleichen. Aber der Dicke packt ihn am Kragen. „Halt, Kleiner! Hier bleiben! Wir wollten noch was besprechen.“

„Dahinten kommt Herr Brockmüller!“, ruft Martin.

Erschrocken drehen sich die beiden Siebtklässler um. Plötzlich haben sie es sehr eilig. Mit dem Schulleiter hatten sie schon mehrere unangenehme Zusammenstöße.

„Alles klar?“, fragt Christian Andi, der ziemlich verdutzt aussieht.

„Wo ... wo ist denn Herr Brockmüller?“

Martin lacht. „Hab ich nur so gesagt, damit die Angst kriegen.“

Andi wischt sich mit seinem Jackenärmel über das Gesicht und reibt sich mit der anderen Hand das Schienbein. Er grinst und fragt: „Und was wollt ihr jetzt dafür haben? Soll ich auf die Knie fallen und euch ewig dankbar sein?“

Damit haben Christian und Martin nicht gerechnet.

„Wir möchten eigentlich nur eins“, zischt Christian Andi an. „Dass du deine große Klappe hältst und uns nicht mehr mit deinem Gelaber nervst.“

Dann lassen sie den Jungen stehen und gehen weiter.

An der Ecke dreht Martin sich noch einmal um. „Er ist immer noch da. Ich ärgere mich schon, dass ich ihm überhaupt geholfen habe.“

Christian kann das gut verstehen. „Ich eigentlich auch. Aber wenn ich es nicht getan hätte, könnte ich heute Abend vielleicht nicht schlafen, weil ich immer daran denken müsste.“

Wunder und Gleichnisse

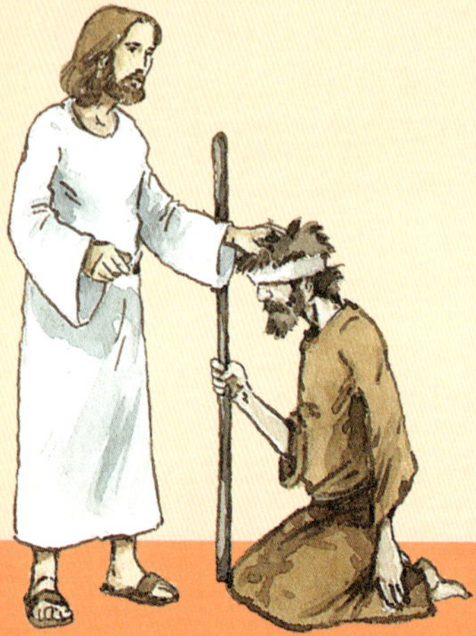

In den Evangelien erfahren wir, wie Jesus predigte und handelte. Sie berichten auch von seinen Wundertaten. Mit Gottes Kraft konnte Jesus viele Menschen von schrecklichen Krankheiten heilen und sie von bösen Dämonen befreien. Diese Wunder zeigten, dass Jesus wirklich Gottes Sohn ist.

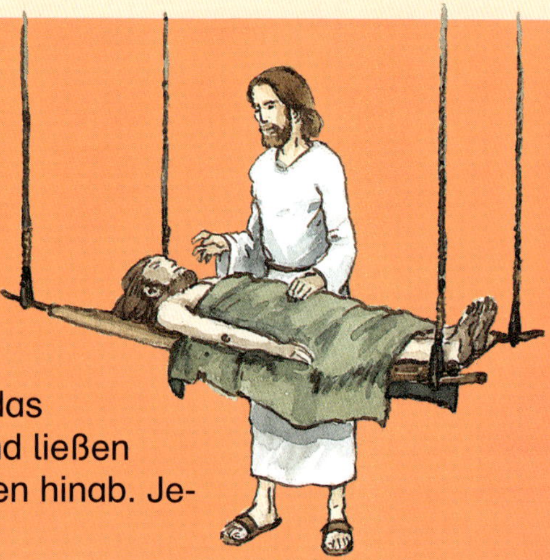

Als die Freunde eines Gelähmten hörten, dass Jesus in der Stadt war, wollten sie den Kranken zu ihm bringen. Aber das Haus, in dem Jesus sich aufhielt, war überfüllt. Da trugen sie den Gelähmten auf das Dach, rissen ein Loch hinein und ließen ihn auf einer Matte und an Seilen hinab. Jesus heilte den Kranken.

Jesus fuhr mit seinen Jüngern über den See Gennesaret. Er schlief hinten im Boot. Als ein Sturm tobte und hohe Wellen ins Boot schlugen, weckten ihn seine Jünger, weil sie furchtbare Angst hatten. Sobald Jesus seine Hand erhob, hörte der Sturm auf. Seine Jünger wunderten sich sehr.

Am Ufer des Sees Gennesaret hatten sich etwa 5 000 Menschen versammelt, um Jesus zu hören. Gegen Abend sollten alle etwas zu essen bekommen, aber es waren nur fünf Brote und zwei Fische da. Jesus betete zu Gott. Dann ließ er seine Freunde das Essen verteilen, und alle wurden satt. Am Ende blieben noch zwölf Körbe voll Brot übrig.

Jesus erzählt von einem Mann, der schwer verletzt am Wegrand lag. Achtlos gingen ein Priester und ein Tempeldiener vorbei. Ein Fremder, ein Samariter, half ihm jedoch und brachte ihn zur nächsten Herberge. Jesus fordert uns damit auf, unseren Nächsten zu helfen. Das können auch Fremde sein.

Jesus erzählt von einem Hirten, der hundert Schafe hatte. Als ihm ein Schaf verloren ging, ließ er die neunundneunzig Schafe stehen, und suchte nach dem verlorenen Schaf. Er fand es schließlich und freute sich sehr. Jesus will damit sagen, dass Gott unendlich froh ist über jeden Einzelnen, der sich zu ihm bekennt.

Nächstenliebe

„Liebe Maren! Übermorgen kommen wir endlich in Westafrika an. Der Hafen heißt Monrovia und liegt in Liberia.

Unser Schiff ist ein schwimmendes Krankenhaus. Wenn es im Hafen anlegt, kommen viele kranke und behinderte Menschen. Auf dem Schiff werden sie behandelt und operiert, auch wenn sie kein Geld haben. Meine Eltern und alle anderen Ärzte und Helfer wollen den Menschen helfen, die sonst keine Hilfe bekommen.

Außer mir sind zwölf Kinder hier. Es gibt einen Kindergarten und eine Schule. Während der Seereise haben wir fast jeden Tag Unterricht, weil wir ja viele Monate nicht zur Schule gehen. Englisch kann ich schon ganz gut.

Wenn wir im Hafen sind, schreibe ich dir wieder.

Deine Johanna“

Auf so viel buntes Treiben im Hafen war Johanna nicht gefasst. Händler bieten ihre Ware an, Frauen tragen riesige Körbe auf dem Kopf, dazwischen laufen spielende Kinder umher. Und mittendrin schlängelt sich eine lange Reihe wartender Menschen. Ganz ruhig und geduldig sind sie. Viele von ihnen stützen sich auf Krücken, andere hocken auf dem Boden. Einige liegen auf Tragen.

„Das sind unsere Patienten", erklärt Johannas Mutter. „Die meisten waren tagelang unterwegs, um hierher zu kommen."

„Könnt ihr sie denn alle behandeln?", will Johanna wissen.

Ihre Mutter nickt. „Ich hoffe, wir können allen helfen. Wenn es ihnen nach der Behandlung oder Operation besser geht, wenn Blinde wieder sehen können, das ist jedes Mal wunderbar. Du wirst es erleben."

Johanna erlebt erst einmal, dass ihre Eltern und die anderen Helfer unermüdlich arbeiten. Sie sieht Menschen, die blind oder mit entstellten Gesichtern zu ihnen kommen.

Ein Mädchen fällt Johanna besonders auf. Es tastet vorsichtig mit dem Fuß den Boden ab, bevor es einen Schritt vorwärts wagt. Die Augen sind geschlossen. Nur manchmal blinzelt es.

„Wenn ein Kind ganz allein kommt, hat es dann keine Eltern?“, will Johanna von Mary wissen, die die Patienten in eine Liste einträgt.

Mary nickt traurig. „Das ist leider manchmal so. Aber oft müssen die Eltern auch auf den Feldern arbeiten und können nicht weg. Dann schicken sie ihre Kinder allein los.“

„Darf ich mich um das blinde Mädchen dahinten kümmern?“, fragt Johanna.

„Ja, gerne. Sie ist bald an der Reihe. Vielleicht kannst du ihr die Wartezeit ein bisschen verkürzen.“

Johanna hofft, dass das Mädchen englisch spricht. Sie überlegt, was sie sagen soll. „Ich frage sie einfach auf Englisch, wie sie heißt“, denkt sie.

„Mein Name ist Jean“, antwortet das Mädchen auf Englisch.

Johanna freut sich. „Und ich bin Johanna“, erklärt sie Jean. „Das ist Jean auf Deutsch.“

Jean lächelt und berührt Johannas Schulter. „Wie alt bist du?“

„Zehn“, antwortet Johanna. „Und du?“

„Ich bin zwölf. Gehst du zur Schule?“, will Jean wissen.

„Ja, auf dem Schiff und wenn wir in Deutschland sind“, antwortet Johanna.

„Meine Brüder gehen auch zur Schule“, erzählt Jean. „Ich bin blind. Ich kann aber etwas Hausarbeit machen und auf meine kleinen Geschwister aufpassen. Meine Mutter muss auf dem Feld arbeiten.“

Johanna traut sich nicht, nach Jeans Vater zu fragen. Stattdessen sagt sie: „Wenn du operiert wirst und wieder sehen kannst, dann gehst du doch auch zur Schule, oder?“

Die weißen Zähne blitzen in Jeans dunklem Gesicht. „Oh ja, ich möchte so gern zur Schule gehen. Der Weg zu der Schule für Mädchen ist gar nicht weit. Ich muss nur ungefähr eine Stunde zu Fuß gehen.“

„Eine Stunde?!“ Johanna schluckt. Sie

fragt lieber nicht, ob Jean ein Fahrrad hat oder ob es einen Bus gibt.

Als Jean gerufen wird, begleitet Johanna sie zu ihrem Vater, der Jeans Augen operieren wird. „Es wäre schön, wenn du Jean betreuen könntest“, sagt er und zwinkert Johanna zu. „Ihr habt euch ja schon ein bisschen angefreundet.“

Johanna sitzt an Jeans Bett, als das Mädchen aus der Narkose aufwacht. Sie streichelt Jean leicht am Arm. „Es ist alles gut“, flüstert sie ihr zu.

Jean betastet vorsichtig die Verbände auf ihren Augen. „Kann ich wirklich bald sehen?“

„Ja“, antwortet Johanna. „Papa hat es versprochen. Aber erst muss alles heilen.“

„Kannst du mir etwas erzählen, damit das Heilen schneller geht?“, fragt Jean.

Das Erste, was Johanna einfällt, ist eine Geschichte aus ihrer Kinderbibel. Sie erzählt Jean von Jesus, wie er einen Blinden heilt.

Immer mehr Geschichten möchte Jean über Jesus hören.

Sie erfährt von Johanna, dass Jesus Gottes Sohn ist und dass er als Retter zu den Menschen gekommen ist.

„Woher weißt du das alles?“, will Jean wissen.

„Von meinen Eltern, aus dem Kindergottesdienst, aus der Schule und aus der Bibel.“ Johanna erklärt Jean, was die Bibel ist und was darin steht.

„Wenn ich sehen kann, muss ich ganz

schnell lesen lernen, damit ich auch in der Bibel lesen kann“, sagt Jean.

Einige Tage später schreibt Johanna an Maren: „Gestern habe ich miterlebt, wie ein blindes Mädchen nach der Operation wieder sehen konnte. Du kannst es dir kaum vorstellen, wie schön das war! Das Mädchen heißt Jean. Wenn Jean Glück hat, darf sie bald zur Schule gehen. Zum Abschied habe ich ihr eine Bibel geschenkt.“

Mit der Bibel leben

Es gibt auf der ganzen Welt viele Menschen, die in der Bibel lesen und Gottes Gebote beachten. Sie bemühen sich, anderen zu helfen und für sie da zu sein.

Viele christliche Hilfsorganisationen arbeiten für Menschen in Not. Die Mitarbeiter fahren zum Beispiel mit Hospitalschiffen in arme Länder. Kranke und Behinderte werden dort operiert und behandelt, sodass sie ein normales Leben führen können.

Eine Christin und Missionarin war auch **Mutter Teresa**. Sie starb 1997 im Alter von 87 Jahren. All ihre Kraft setzte sie für andere Menschen ein. In den Armenvierteln von Kalkutta in Indien versorgte sie bis kurz vor ihrem Tod Verlassene, Kranke und Sterbende.

Jedes Buch der Bibel ist in Kapitel und Verse unterteilt. Um eine bestimmte Bibelstelle zu finden, braucht man eine Angabe, zum Beispiel: Matthäus 6, Vers 9–13. Das heißt, man sucht im Matthäus-Evangelium das sechste Kapitel und dort die Verse 9 bis 13. Hier steht das wichtigste Gebet der Christen, das Vaterunser.

VATER unser im Himmel,
geheiligt werde dein Name.
Dein Reich komme.
Dein Wille geschehe,
wie im Himmel, so auf Erden.

Unser tägliches Brot gib uns heute.
Und vergib uns unsere Schuld,
wie auch wir vergeben unsern Schuldigern.
Und führe uns nicht in Versuchung,
sondern erlöse uns von dem Bösen.

Denn dein ist das Reich
und die Kraft
und die Herrlichkeit
in Ewigkeit.
Amen.

Natürlich kann man auch mit den eigenen Worten beten. Jeder kann zu jeder Zeit Gott alles erzählen: seine Sorgen und Ängste genauso wie schöne Erlebnisse. Gott versteht uns. Er weiß, was wir brauchen. Wer sich Jesus als festen Freund wünscht, kann ihm das im Gebet sagen.

Insa Bauer wurde 1948 in Oldenburg geboren. Sie arbeitete zunächst als Übersetzerin, bevor sie an der Fernuni eine Fortbildung in Erziehungs- und Sozialwissenschaften, Schwerpunkt Sonderpädagogik, machte. Durch ihre Söhne kam sie zum Schreiben von Kinderbüchern. Seit 1986 ist sie freie Schriftstellerin. Ihre bevorzugten Themen sind dabei Natur und Umwelt, Ur- und Vorgeschichte, Detektivgeschichten zum Mitraten und Alltagsgeschichten. Insa Bauer lebt mit ihrer Familie in Rastede bei Oldenburg.

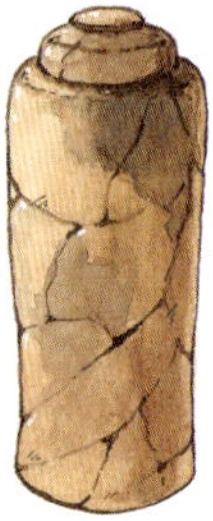

Alexander Jung, Jahrgang 75, wurde in Ludwigshafen am Rhein geboren und machte 1994 in Neustadt an der Weinstraße das Abitur. 1996 zog es ihn in den Norden, wo er an der Hochschule für Angewandte Wissenschaften Hamburg Informative Illustration studierte. Seit einigen Jahren arbeitet er als freiberuflicher Illustrator und Grafiker für Agenturen und Verlage und gestaltet neben Büchern auch viele Spiele. Besonderen Spaß machen ihm dabei Motive aus dem Fantasy-Bereich.

DIE BIBEL